Steffen Buchholz

Chinas Wirtschaftswunder

Zwischen Sozialismus, Marktwirtschaft und politischer Kontrolle

Bibliografische Information der Deutschen Nationalbibliothek:

Die Deutsche Nationalbibliothek verzeichnet diese Publikation in der Deutschen Nationalbibliografie; detaillierte bibliografische Daten sind im Internet über http://dnb.d-nb.de abrufbar.

Impressum:

Copyright © Studylab 2018

Ein Imprint der Open Publishing GmbH

Druck und Bindung: Books on Demand GmbH, Norderstedt, Germany

Coverbild: Open Publishing GmbH | Freepik.com | Flaticon.com | ei8htz

Inhaltsverzeichnis

Abkürzungsverzeichnis

s.   siehe

vgl.   vergleiche

Nr.   Nummer

z.B.   zum Beispiel

ebd.   Ebenda

o.V.   ohne Verfasser

S.   Seite(n)

Jg.   Jahrgang

Hrsg.   Herausgeber

Zit.   zitiert

Kap.   Kapitel

1 Einleitung

Der explosionsartige wirtschaftliche Aufschwung der kommunistischen Volksrepublik China und das nach wie vor anhaltende Wirtschaftswachstum sorgten in den vergangenen Jahren weltweit für Bewunderung, aber auch Verwunderung. Auf der objektiven Ebene werden einerseits die erreichten Zahlen und Ziele allerseits anerkannt. Auf der subjektiven Ebene kommt es andererseits immer wieder zu unterschiedlichen Bewertungen des politischen Systems, das hinter diesem Wachstum steht. Die Entwicklung der Wirtschaft sowie die politische Lage eines Landes von der Größe Chinas haben globalen Einfluss und sind ein hochaktuelles Thema, das mich auf Grund meiner eigenen Erfahrungen in der chinesischen Welt zu dieser Arbeit motivierte. Meine Forschungsfrage lautet: Welche Rolle spielt die politische Kontrolle im chinesischen Wirtschaftssystem und wie lässt sich die aktuelle Entwicklung unter Staatspräsident Xi Jinping hier einordnen? Die Arbeit gliedert sich in drei Teile. Im ersten Teil (Kap. 2-5) fasse ich Grundwissen zusammen, das Voraussetzung für die Analyse des eigentlichen Themas ist. Zunächst wird kurz der Aufbau des chinesischen Staates dargestellt sowie das Verhältnis der Partei zu Staat und Wirtschaft. Darauf aufbauend folgt die Darstellung des Reformverlaufs seit dem Ende der Mao-Ära bis zu dem heutigen Wirtschaftssystem Chinas. Von diesem teils geschichtlichen Rückblick komme ich zu den heutigen Unternehmensformen im chinesischen Wirtschaftssystem und illustriere am Beispiel der besonderen Unternehmensform der kommunalen Wirtschaftsunternehmen die Eigenheiten und die Entwicklung der chinesischen Wirtschaft. Nach diesen möglichst kurz gehaltenen grundlegenden Kapiteln widme ich mich im zweiten Teil der eigentlichen Frage nach der staatlichen Kontrolle von Chinas Wirtschaft (Kap. 6 und 7). Dabei soll nicht nur herausgearbeitet werden, in welcher Form eine staatliche Kontrolle der Wirtschaft geschieht, sondern auch diskutiert werden, in welchem Maße die Methoden der staatlichen Kontrolle den Einfluss des Staates in die Wirtschaft garantieren, welchen Anteil die staatliche Kontrolle am Wirtschaftserfolg hat und was die Grenzen des staatlichen Einflusses sind. In dem abschließenden dritten Teil (Kap. 8) gebe ich eine Einschätzung über die aktuellen wirtschaftlichen Herausforderungen und stelle dar, wie Xi Jinping hierauf reagiert. Als hochaktuelles Beispiel dient dabei die Digitalisierung der Wirtschaft. Schließlich werde ich in einem Fazit die erarbeiteten Antworten zusammenfassen und eine abschließende Bilanz über die Wirkungsweise der politischen Kontrolle über die Wirtschaft im chinesischen Wirtschaftssystem ziehen.

2 Aufbau des chinesischen Staates

China gliedert sich in 22 Provinzen, vier „Regierungsunmittelbare Städte", fünf autonome Regionen mit Provinzstatus und zwei Sonderverwaltungsgebiete.[1] Die Provinzen unterscheiden sich nicht nur in geographischer, klimatischer und kultureller Hinsicht voneinander, sondern gerade auch in wirtschaftlicher. Die östliche Küste, zu der z.B. Shanghai oder Guangdong gehören, ist wirtschaftlich deutlich weiter entwickelt als beispielsweise die westliche Region, die bislang vom „chinesischen Wirtschaftswunder" wenig mitbekommen hat.[2] Somit muss man das gesamte China mit all seinen diversen Regionen auch eher als einen Verbund vieler verschiedener Märkte und Systeme begreifen, ähnlich wie Europa, als als ein einheitliches Land.[3] Hongkong und Macao bilden die beiden Sonderverwaltungszonen, die durch ihre Sonderstellung nicht mit den anderen Provinzen und Städten gleichzustellen sind. Sie haben nicht nur eine eigene Währung, sondern auch ein eigenes politisches und wirtschaftliches System.[4]

Wichtig für das Verständnis des Verhältnisses von Wirtschaft und Staat in China ist das Verhältnis der Zentralregierung zu den vier Ebenen der sub-nationalen Verwaltungen: provinziale Ebene, kommunale Ebene, Bezirksebene, Gemeindeebene.[5] Obwohl China theoretisch kein föderaler Staat ist, sind die chinesischen sub-nationalen Verwaltungen stärker als die vieler anderer Länder, da sie für weitaus mehr Bereiche zuständig sind als nur den fiskalischen. Die Regierung lässt den regionalen Vertretern auf wirtschaftlicher Ebene größtenteils freie Hand.[6] Andererseits ist China laut der Konstitution jedoch eben kein föderaler Staat und es ist ausdrücklich in der Verfassung festgehalten, dass die einzelnen Regionen keine eigenständige Gewalt haben, sondern ihre Macht durch die Zentralregierung gewährt wird. Die Zentralregierung gibt den subnationalen Regierungen also nach Gutdünken die Gewalt oder nimmt sie ihnen auch wieder.[7]

---

[1] Vgl. *Vermeer* (2015), S. 46.

[2] Vgl. *Vermeer* (2015), S. 47-48.

[3] Vgl. *Vermeer* (2015), S. 48.

[4] Vgl. *Vermeer* (2015), S. 51-54.

[5] Vgl. *Xu* (2011), S. 8-9.

[6] Vgl. *Xu* (2011), S. 12.

[7] Vgl. *Xu* (2011), S. 12.

3 Die Rolle der Partei

3.1 Das Verhältnis von Partei und Staat

Chinas politisches System entspricht einer zentralisierten sozialistischen Parteidiktatur. Die herrschende Partei, die Kommunistische Partei Chinas (KPC), vereint die Legislative sowie Judikative in Politik, Verwaltung, Wirtschaft und Gesellschaft.[8] Somit bildet die KPC das Rückgrat des chinesischen Systems. Gemessen an der Anzahl der Mitglieder ist die KPC die größte Partei der Welt, wobei für immer mehr Bürger statt der Überzeugung von der kommunistischen Ideologie ganz praktische Vorteile die ausschlaggebenden Gründe für eine Mitgliedschaft sind, wie z.B. bessere Netzwerke zur politischen Elite oder ein erleichterter Zugang zu Staatsunternehmen.[9] Wie es typisch ist in kommunistischen Ländern, fällt es auch in China schwer, eine klare Linie zwischen der Partei und dem Staat zu ziehen. So stellt die KPC fast ausschließlich das Führungspersonal der Regierungs- und Verwaltungsorgane. Deshalb sind alle Regierungsorgane auch immer an Parteivorgaben gebunden.[10]

3.2 Der Aufbau der Partei

Die oberste Wahlversammlung in der KPC bildet der Parteitag, der alle fünf Jahre über die Zusammensetzung des Parteikomitees abstimmt. Dieses Parteikomitee führt das politische Tagesgeschäft. In gleicher Weise ist die KPC auch auf regionaler und lokaler Ebene organisiert. Wichtig für die Verflechtung von Wirtschaft und Politik ist die Institution der „ Basisorganisation" der KPC, welche überall gebildet werden kann, wo sich drei oder mehr Parteimitglieder an einem Ort oder einer Organisation zusammenfinden. So gab es im Jahr 2014 in 53 Prozent der Privatunternehmen solche Basisorganisationen.[11] Alle fünf Jahre finden die nationalen Parteitage statt, in denen die ideologischen Grundfragen und die nationale Entwicklungsstrategie, wozu auch der wirtschaftliche Kurs gehört, bestimmt werden. Hier wird auch über die Zusammensetzung des Zentralkomitees (ZK) entschieden, das sich aus führenden Köpfen der Zentralregierung und der Parteizentrale,

---

[8]   Vgl. *Heilmann/Shih/Heep* in Heilmann (Hrsg.) (2016), S. 27.
[9]   Vgl. *Heilmann/Shih/Heep* in Heilmann (Hrsg.) (2016), S. 44.
[10]   Vgl. *Heilmann/Shih/Heep* in Heilmann (Hrsg.) (2016), S. 54.
[11]   Vgl. *Heilmann/Shih/Heep* in Heilmann (Hrsg.) (2016), S. 44.

den Parteisekretären, Gouverneuren und Bürgermeistern der sub-nationalen Regierungen, hochrangigen Offizieren sowie Managern staatlicher Großkonzerne zusammensetzt. Die Einwilligung dieses mächtigen Apparates ist beispielsweise bei Änderungen der Verfassung, aber auch der wirtschaftlichen Entwicklungsstrategie notwendig. Zudem verifiziert das ZK das Politbüro, dessen Zusammensetzung von der Parteiführung ausgehandelt wird.[12] Obwohl bislang im ZK nur staatliche Konzerne vertreten waren, gibt es doch einen bemerkenswerten Zuwachs von Delegierten aus der Privatwirtschaft im Parteitag.[13] Die höchsten Parteiorgane sind das Politbüro und dessen Ständiger Ausschuss[14], an dessen Spitze der Generalsekretär steht. Alle Generalsekretäre wurden auch vom Nationalkongress zum Staatspräsidenten gewählt, dessen Amt eher repräsentativ ist, sowie zum Vorsitzenden der Zentralen Militärkommission (ZMK) ernannt, die die direkte Befehlshoheit über die Armee[15] hat. Damit ist der Generalsekretär der KPC der mit Abstand mächtigste Mann im System Chinas mit weitreichenden Kompetenzen.[16]

3.3 Das Verhältnis von Partei und Wirtschaft

Die enge Verknüpfung von Partei- und Regierungsorganen hat unmittelbare Folgen für die Wirtschaft. Die Mitte der 80er Jahre von Deng Xiaoping propagierte Trennung von Partei und Staatsverwaltung zur Flexibilisierung der Wirtschaftspolitik führte zwar tatsächlich dazu, dass ein Großteil der wirtschaftspolitischen Kompetenzen von Parteiorganen auf Regierungsstellen überging. Doch da nach wie vor sowohl die Leiter der Behörden als auch die Manager von staatlich kontrollierten Unternehmen Parteimitglieder waren, konnten sie jederzeit von der Partei abberufen werden, sodass die politische Kontrolle faktisch fortbestand. Als

---

[12] Vgl. *Heilmann/Shih/Heep* in Heilmann (Hrsg.) (2016), S. 46-47.

[13] Vgl. *Heilmann/Shih/Heep* in Heilmann (Hrsg.) (2016), S. 47.

[14] In dem ständigen Ausschuss sind führende Parteifunktionäre sowie Vorsitzende von parteilichen Unterorganisationen vertreten.

[15] Die Volksbefreiungsarmee ist ein weiteres wichtiges politisches Organ, das aber keinen direkten Einfluss auf die Wirtschaft ausübt. Hohe Generäle sind im dem Politbüro vertreten, Die Armee untersteht der Zentralen Militärkommission (ZMK), in der sowohl die Partei- als auch die Militärführung vertreten sind, wodurch sie eine wichtige Machtposition im politischen System Chinas einnimmt. Ihr Vorsitzender ist der Generalsekretär der KPC, sodass das Militär weder der Verfassung noch der Staatsregierung gehorsam sein müssen, sondern einzig der Parteiführung. (Vgl. *Heilmann/ Shih/Heep* in Heilmann (Hrsg.) (2016), S. 47-48).

[16] Vgl. *Heilmann/Shih/Heep* in Heilmann (Hrsg.) (2016), S. 48-49.

strategisch wichtig angesehene Bereiche, wie etwa der Sicherheitsapparat, die Justiz oder das Militär, werden nach wie vor von der Partei direkt kontrolliert. Die KPC regelt auch die personellen Fragen der sub-nationalen Verwaltungen und kontrolliert wichtige Wirtschaftssektoren, wie Banken, Telekommunikation, die Eisenbahn oder die Massenmedien.[17] Konkret geschieht die Einflussnahme der Partei häufig durch Rotationen und Neubesetzungen von Ämtern in den Regional-regierungen, den Staatsunternehmen oder dem Militär, wodurch sie die Macht über Schlüsselpersonen behält.[18] Dies ist möglich, da in China die regionalen Par-teivorsitzenden nicht durch Wahlen, sondern durch die Zentralregierung be-stimmt werden. Während also die sub-nationale Verwaltungen relativ viel Ent-scheidungsbefugnis über wirtschaftliche Angelegenheiten haben, behält die Zent-ralregierung die Kontrolle, weil sie in großem Maße über den Werdegang der re-gionalen Vorsitzenden bestimmen kann. Auf Grund dieser existenziellen Abhän-gigkeit von der Zentralregierung und der Furcht, aus der Partei entlassen und damit arbeitslos zu werden, besteht ein eng geflochtenes Netz aus gegenseitiger Kontrolle. Allein von 1978 bis 2005 gab es in 80 Prozent der Regionen auf Anord-nung der Zentralregierung Wechsel der Gouverneure. Diese Art der Einflussnah-me zählt zu den Hauptinstrumenten der Partei, um ihren Einfluss auf die Regio-nen zu wahren und zu sichern, dass das Führungspersonal vor Ort im Sinne der Politik der Zentralregierung handelt. Auf diese Wiese behält die Zentralregierung den Einfluss auf makroökonomische Faktoren, wie der Inflation, und kann ihre Politik auch auf sub-nationaler Ebene durchsetzen.[19] Zugleich schafft sie einen Wettbewerb zwischen den sub-nationalen Regierungen um effiziente Arbeit und die erfolgreiche Umsetzung von Reform-Experimenten[20], von deren Erfahrung die Zentralregierung dann profitiert. Auf dieses Anliegen der chinesischen Zentralre-gierung werde ich im nächsten Abschnitt genauer eingehen.

---

[17] Vgl. *Xu* (2011), S. 12.

[18] Vgl. *Heilmann/Shih/Heep* in Heilmann (Hrsg.) (2016), S. 54-56.

[19] Vgl. *Xu* (2011), S. 12-13.

[20] Es gibt eine Fülle von Verordnungen für Reformen, die zunächst in einem begrenzten Um-fang "versuchsweise" durchgeführt werden und darum erst einmal „experimental" (試驗) heißen.

4 Reformverlauf und heutiges Wirtschaftssystem

4.1 Reformverlauf seit dem Ende der Mao-Ära

Die Wandlung Chinas hin zu einer offeneren Wirtschaft war kein einzelner revolutionärer Einschnitt, sondern eine Entwicklung aus mehreren kleinen Schritten. Darum ist diese am besten anhand der verschiedenen Phasen in den Reformen des chinesischen Wirtschaftssystems seit Maos Tod zu veranschaulichen. Auslöser waren die von Deng Xiaoping propagierte Politik der „Reform und Öffnung" und des „Sozialismus chinesischer Prägung".[21]

Als erste Phase lassen sich die Jahre zwischen 1978 und 1989 zusammenfassen. Die von Deng Xiaoping begonnene Politik war eine Zeit, die von sogenannten zweigleisigen Reformen geprägt war, die Marktmechanismen einführen sollte, indem man neue Strukturen neben den alten entstehen ließ.[22] So wurden unter der Führung von Deng Xiao Ping Reformen eingeleitet, die anfänglich vor allem Preisreformen vorsahen und für die Landwirtschaft finanzielle Anreize schaffen sollten, damit die Bauern mehr Eigeninitiative ergriffen.[23] Gleichzeitig reduzierte der Staat zunehmend seine Einmischung in das Tagesgeschäft. Dennoch erhoben sich mit der Zeit immer mehr Stimmen gegen die als Machtmissbrauch empfundene Besserstellung von Staatsbeamten und Leitern von Staatsunternehmen. So wurden die politischen Proteste im Juni 1989 am Platz des himmlischen Friedens von Regierungsseite als Anlass genutzt, um weitere Wirtschaftsreformen zunächst zu stoppen und die Phase der „Restrukturierung und Konsolidierung" einzuleiten.[24]

Die nächste Phase stellt die Zeit der wirtschaftlichen Liberalisierungsmaßnahmen von 1992 bis 2001 dar, zu denen die Umstrukturierung großer Staatsunternehmen oder die Teilprivatisierung kleinerer Staatsunternehmen gehörten.[25] Auf dem XIV. Parteitag im Jahr 1992 wurde offiziell die „sozialistische Marktwirt-

---

[21]   Vgl. *Heilmann* (2006), S. 3.

[22]   Vgl. *Huotari* in Heilmann (Hrsg.) (2016), S. 187.

[23]   Dazu durften die Bauern den Anteil der Ernte, den sie über den staatlich geplanten Vorgaben hinaus erarbeitet haben, selbstständig auf dem freien Markt verkaufen und ebenso über den Erlös frei verfügen. Später wurden ähnliche Maßnahmen auf die Industrie und sogar auf staatliche Betriebe angewandt. (Vgl. *Fischer* (2006), S.4).

[24]   Vgl. *Fischer* (2006), S.4.

[25]   Vgl. *Huotari* in Heilmann (Hrsg.) (2016), S. 187.

schaft" als wirtschaftspolitisches Ziel festgelegt. Dieser vor allem im Südosten Chinas mit voller Fahrt wiederaufgenommene Kurs setzte großes Wachstum frei, begründet durch ausländische Investitionen und die Ausweitung der Privatwirtschaft.[26] Da die staatlichen Pläne und Preisvorgaben zunehmend an Gewicht verloren, wurden stattdessen industriepolitische Leitfäden veröffentlicht. 1993 wurde eine Reform im Finanzwesen durchgeführt, die hauptsächlich zum Ziel hatte, die enge Verknüpfung von Staat, Banken und Unternehmen aufzulockern. Der Staat zog sich aus einer Vielzahl ineffizienter Staatsunternehmen zurückzog und behielt sich einzig bei strategisch wichtigen Branchen wie der Telekommunikation, Energie und Medien und besonders großen Staatsunternehmen das Recht vor, Eigentümer zu bleiben. In Folge der asiatischen Finanzkrise 1997/1998 wurden mehrere staatliche Investitionsprojekte eingeleitet und die Löhne der Beschäftigten im öffentlichen Dienst angehoben. All diese staatlichen Eingriffe sind auch vor dem Hintergrund der Bemühungen Chinas seit Ende 1998 um Aufnahme in die WTO zu sehen, die 2001 endlich mit Erfolg gekrönt wurden.[27]

Die Reformen der Phase von 2002 bis 2012 stehen im Licht der Umsetzung von WTO-Bedingungen. Aber auch die Notwendigkeit einer aktiven Sozialpolitik sowie Investitionsprogramme zur Bekämpfung der globalen Wirtschaftskrise prägten diese Zeit.[28] Als Reaktion auf Engpässe in der Versorgung mit Energie und Rohstoffen[29] führte die Regierung geldpolitische Maßnahmen ein, wie zum Beispiel die Beschränkung der Kreditvergabe für einzelne Branchen. Dies zeigte jedoch nicht die gewünschte Wirkung, da die Lokalregierungen nicht immer der Politik der Zentralregierung folgten und ein Großteil der Investitionen nicht über den offiziellen Finanzsektor finanziert wurde.[30] Die Weltwirtschaftskrise 2008 wurde als eine Chance angesehen, die Karten in der Weltwirtschaft neu zu mischen. So hat China seit der Wirtschaftskrise nicht nur verstärkt national, sondern

---

[26] Der neue Kurs führte darüber hinaus dazu, dass die Zahl der selbständig Tätigen deutlich stieg. Die „ländlichen Betriebe", die meistens im kollektiven Eigentum standen, nahmen auf dem Land eine wichtige Rolle ein. (Vgl. *Fischer* (2006), S.4).

[27] Vgl. *Fischer* (2006), S.4.

[28] Vgl. *Huotari* in Heilmann (Hrsg.) (2016), S. 187.

[29] Chinas Beitritt zur WTO hatte für einen großen Wachstumsschub gesorgt, aber zugleich die Inflationsgefahr steigen lassen. Trotz der Warnung mancher Experten gab es weiterhin einen Investitionsboom der chinesischen Regierung, was letztlich zu Engpässen in der Versorgung mit Energie und Rohstoffen führte. (Vgl. *Huotari* in Heilmann (Hrsg.) (2016), S. 187).

[30] Vgl. *Huotari* in Heilmann (Hrsg.) (2016), S. 187.

wie kaum ein anderes Land auch im Ausland investiert und so neue Möglichkeiten und Abhängigkeiten auf dem internationalen Markt geschaffen.[31]

Das Jahr 2013 markiert den Beginn einer neuen Phase: In dem dritten Plenum des 18. Zentralkomitees wurde festgehalten, dass der Markt nicht wie bisher eine bedeutende, sondern *die* entscheidende Rolle in der Ressourcenverteilung einnehmen solle, was durch ein offenes, am Wettbewerb orientiertes und einheitliches Wirtschaftssystem ermöglicht werden solle. Doch wurde im gleichen Dokument zugleich festgehalten, dass die staatlichen Unternehmen und die zentrale Rolle des Staates[32] die Grundlagen für den stetigen Ausbau der sozialistischen Marktwirtschaft zu sein haben[33]. Zu der von Staatspräsident Xi Jinping verkündeten „neuen Ära der post-Mao Reformen" gehören nicht nur die Stabilisierung und Sicherung des wirtschaftlichen Aufschwungs Chinas,[34] sondern auch die Etablierung Chinas als einem global voranschreitenden Player. Dazu kündigte er die größten Entwicklungen und Reformen der letzten Jahrzehnte an, um landesweiten Wohlstand für die gesamte Bevölkerung zu sichern.[35] Das Wachstumsmodell wurde umgestellt, da viele der zuvor als förderlich erschienenen Maßnahmen und Institutionen nun ihre negativen Folgen offenbarten, wie Klimaschäden, Rechtsunsicherheit oder ungleiche Vermögensverteilung. Dieses Programm zur wirtschaftlichen Umstrukturierung konzentrierte sich im Besonderen auf den Binnenkonsum, die Förderung von Innovation und Entwicklung sowie die Stärkung des Privatsektors. Außerdem gab man die jährlich festgesetzten Wachstumsraten auf, begrenzte den Einfluss von ausländischen Investoren und machte die Korruptionsbekämpfung, gerade auch innerhalb des Staatssektors, zu einem Hauptanliegen der Regierung.[36]

---

[31] Vgl. *Tsang/Men* (2016), S.3-4.

[32] So betont Xi Jinping nach wie vor in seiner Neujahrsansprache beim Neujahrsbanquet der KPC am 14.02.2018, dass alle Erfolge des vergangenen Jahres nur durch die strikte Herrschaft der Partei ermöglicht wurden. (http://www.xinhuanet.com/politics/2018-02/14/c_1122419716.htm, eingesehen am 27.02.2018).

[33] Diese Einschätzung wird ebenso durch die staatliche Nachrichtenagentur Xinhua verbreitet, die in der Ideologie Xi Jinpings den Schlüssel für den wirtschaftlichen Erfolg sieht und hierin den Vorteil gegenüber anderen Nationen erkennen. (http://www.xinhuanet.com/2018-01/04/c_1122211518.htm, eingesehen am 19.02.18).

[34] Das ausgerufene Ziel ist die Verdopplung des BIP-Wachstums, sowohl auf nationaler als auch sub-nationaler Ebene, bis 2022. (Vgl. *Tsang/Men* (2016), S.3-4).

[35] Vgl. *Tsang/Men* (2016), S.2.

[36] Vgl. *Huotari in Heilmann* (Hrsg.) (2016), S. 187.

4.2 Das Wirtschaftssystem Chinas heute

Chinas System stellt in seiner heutigen Form eine Mischung aus sozialistischer zentraler Planwirtschaft und dezentraler Marktwirtschaft dar und unterscheidet sich damit von allen anderen Staats- und Regimetypen. So überrascht es nicht, dass China sein System selber als „Sozialismus mit chinesischen Besonderheiten"[37] bezeichnet. Chinas Wirtschaftssystem folgt damit einem völlig neuen Modell, welches in vielen Aspekten den weitläufig angenommenen Voraussetzungen für ein stabiles Wirtschaftssystem widerspricht[38], und so fällt es schwer es mit dem anderer Länder zu vergleichen oder gängige Parameter anzuwenden. Von anderen sozialistischen Ländern, die ihr Wirtschaftssystem reformiert haben, unterscheidet China sich dadurch, dass sein System zum einen in mehreren kleinen Schritten in eine gemischte Wirtschaft mit einem beeindruckenden privaten Sektor umgewandelt wurde und sich zum anderen in die globale Wirtschaft integriert hat.[39] Daher halte ich es für zutreffend, zu sagen, dass in China eine Evolution des Wirtschaftssystems stattgefunden hat, und nicht eine Revolution, wie beispielsweise in vielen Staaten der ehemaligen Sowjetunion. Von kapitalistischen Systemen unterscheidet China nach wie vor das Machtmonopol der Partei, wodurch die Grundzüge eines nichtkapitalistischen, vom Sozialismus durchzogenen Staates deutlich erkennbar bleiben.[40] Dennoch sind kapitalistische Elemente, wie der Drang nach Profitmaximierung und der Druck der Konkurrenz in der Reformperiode, eindeutig gefördert worden. Des Weiteren sind klare Veränderungen in der Beziehung vom Staat zum Markt, aber auch in den Steuerungsmethoden zu erkennen.[41] So erfolgt die Ressourcenverteilung inzwischen beispielsweise zum Großteil nach marktwirtschaftlichen statt nach planwirtschaftlichen Grundsätzen. Zudem sorgen die Sonderverwaltungs-, wie auch die Sonderwirtschaftszonen für

---

[37] *Szepan* in Heilmann (Hrsg.) (2016), S. 197. Dieser Begriff wurde erstmals 1982 von Deng Xiaoping verwendet. (Vgl. *Miller* (1996), S. 47 f.). Die chinesische Form 中国特色社会主义 (wörtlich: China-Kennzeichen-Sozialismus) bringt meiner Meinung nach noch stärker zum Ausdruck, dass die chinesische Besonderheit das Entscheidende an dieser Wirtschaftsform ist, als die geläufigen Übersetzungen „Sozialismus mit chinesischen Besonderheiten" oder „Sozialismus chinesischer Prägung".

[38] Vgl. *Heilmann* in Heilmann (Hrsg.) (2016), S. 183.

[39] Vgl. *Xu* (2011), S.13.

[40] Vgl. *Ten Brink* (2013a), S. 40.

[41] Vgl. *Ten Brink* (2013a), S. 169.

eine freiere marktwirtschaftlich orientierte Wirtschaft.[42] Daher bezeichnet Benner das chinesische System treffend als eine „mixed economy"[43], in der sowohl zentral gelenkte, sozialistische als auch marktwirtschaftliche Faktoren zur Wirkung kommen. Xu spricht in diesem Zusammenhang von dem unerklärlichen „China puzzle"[44], das eigentlich der allgemeinen volkswirtschaftlichen Annahme widerspricht, dass für die Entwicklung und Reformierung eines Systems die Qualität politischer Institutionen wie z.B. Eigentumsschutz, Rechtssicherheit entscheidend sei.[45] Laut Vermeer wurde die Entwicklung in China nur möglich, weil es keinen radikalen Umbruch gab, sondern es in kleinen Schritten gelang, die kommunistisch politische Ideologie mit dem Kapitalismus zu vereinbaren.[46] So lässt sich festhalten, dass das chinesische System als eine „gemischte Wirtschaft" anzusehen ist, in der verschiedene Wirtschaftsformen parallel existieren[47], die nur schwer auf ein einziges System zu zurückzuführen sind.[48] Diese Eigenschaft unterscheidet China von rein zentral gelenkten Planwirtschaften.

4.3 Einfluss der Reformen auf die staatliche Kontrolle

Die Frage, in wie weit die Zentralregierung die Kontrolle über die Reformprozesse behalten hat, wird unterschiedlich bewertet. So kommt ten Brink zu der Einschätzung, es sei der Zentralregierung gelungen die Wirtschaft weitestgehend zu kontrollieren[49] und ihre politische Macht und Akzeptanz beizubehalten, auch wenn sich über Jahrzehnte in China eine wettbewerbsgesteuerte Wirtschaft entwickelt habe und viele Aufgaben nach wie vor dezentralisiert ausgeführt werden.[50] Dem

---

[42] Vgl. *Benner* (2010), S. 1. Auf die genauen Eigenschaften kann in Anbetracht des gesetzten Rahmens hier nicht ausführlicher eingegangen werden.

[43] *Benner* (2010), S. 1.

[44] *Xu* (2011), S. 1.

[45] Vgl. *Xu* (2011), S. 6.

[46] Vgl. *Vermeer* (2015), S. 23.

[47] Wie z.B. ihre Sonderwirtschaftszonen und Sonderverwaltungszonen.

[48] Vgl. *Benner* (2010), S. 1.

[49] Ten Brink weist beispielsweise darauf hin, dass die Staatseinnahmen, die zwischenzeitlich auf die sub-nationalen Ebenen dezentralisiert wurden, wieder an die Zentralregierung gegangen sind (Vgl. *Ten Brink* (2013a), S. 171-172).

[50] Vgl. *Ten Brink* (2013a), S. 171-172.

entgegen urteilt Vermeer, dass die Macht der Partei mit einer zunehmenden marktwirtschaftlichen Orientierung abgenommen habe.[51]

Um Chinas Spagat zwischen dem altem zentralistischen, sozialistischen System und der neuen, offeneren wirtschaftlichen Entwicklung besser einordnen zu können, hilft es meiner Meinung nach, die Wirtschaft und die Politik getrennt zu betrachten. So beschreibt es auch Xu, indem er den chinesischen Staat als „regionally decentralized authoritarian" (RDA-) Regime bezeichnet. China werde in der Politik auf nationaler Ebene zentral gelenkt, in der Wirtschaft bestehe dagegen ein regional dezentralisiertes System. Denn obwohl die subnationalen Institutionen[52] von der Zentralregierung bestimmt werden, verfügen sie über relativ weitgehende Kompetenzen und können größtenteils autonom über die regionalen Wirtschaften entscheiden, wozu insbesondere die Umsetzung selbständiger regionaler „Reformexperimente" gehöre. Durch die Subvention erfolgreicher Wirtschaftspolitik subnationaler Institutionen fördert der Staat gezielt den Wettbewerb zwischen einzelnen Provinzen, Regionen und Städten sowie deren marktwirtschaftliche Effizienz.[53] So entwickelte China mit der Zeit hunderte von selbständigen regionalen Wirtschaften[54], deren zum Teil kleine Unternehmen zu einem Großteil des nationalen Outputs für manche Güter beitrugen. Die regionalen „Reformexperimente" innerhalb dieser sub-nationalen Wirtschaften haben laut Xu in China Tradition und sind ein bewährtes Mittel der Zentralregierung, um risikofrei neue Wege und Beschlüsse auf ihre Tauglichkeit zu testen. [55] Xu betont, dass diese sehr differenzierte regionale Produktionskultur im starken Kontrast zu typischen Planwirtschaften steht, in denen Spezialisierung und Monopole kennzeichnend sind[56], und eine Kerneigenschaft der chinesischen Wirtschaft sei und somit auch ein wichtiger Punkt, wenn man den chinesischen Wirtschaftserfolg verstehen will.[57]

---

[51] Vgl. *Vermeer* (2015), S. 56-57.

[52] Also die Verwaltungen der Provinzen, Regionen und Städte.

[53] Vgl. *Xu* (2011), S. 5-6.

[54] Verschiedenste Regionen spezialisierten sich beispielsweise auf Automobile oder landwirtschaftliche Maschinen. (Vgl. *Xu* (2011), S. 10-11).

[55] Denn da die Zentralregierung den sub-nationalen Regierungen freie Hand lässt, laufen sie auch nicht Gefahr für eventuelle Fehler oder negativen Folgen von lokalen Reformen gerade stehen zu müssen. (Vgl. *Xu* (2011), S. 17-18).

[56] Vgl. *Xu* (2011), S. 10-11.

[57] Vgl. *Xu* (2011), S. 17-18.

Zusammenfassend kann gesagt werden, dass die verschiedenen ökonomischen Reformen entgegen den Prognosen mancher Experten die politische Macht der Zentralregierung nicht geschwächt haben. Ein Grund hierfür wird unter anderem darin gesehen, dass die Zentralregierung Reformen zunächst an einzelnen Regionen auf ihre Anwendbarkeit „testete", bevor sie sie landesweit umsetzte und so erfolgreich und unbeschadet die Macht der Partei sicherstellte. So gesehen hat die dezentrale Wirtschaftsentwicklung die zentrale politische Kontrolle abgesichert.

5 Unternehmensformen in China

5.1 Überblick

Um diese Eigenheit des chinesischen Systems noch besser zu verstehen, ist es sinnvoll sich eine Übersicht über die einzelnen Unternehmensformen zu verschaffen. Wie oben bereits beschrieben, ist China ein gemischtes System in dem Staatsunternehmen mit Privatunternehmen in Konkurrenz stehen.[58] Der Staat hat mit der Zeit die wichtige Bedeutung des Unternehmertums für die Wirschaft erkannt und diesen gezielt gefördert, sodass China inzwischen nach Amerika das Land mit den meisten Unternehmen der Welt ist. Ein entscheidender Schritt von großer symbolischer Bedeutung war 2003 die Öffnung der Kommunistischen Partei für Privat-Unternehmer, also den ehemaligen „Klassenfeinden". Des Weiteren wurden im Jahr 2007 die Eigentumsrechte angepasst, sodass laut Gesetz das Privateigentum den gleichen Schutz besitzt wie das Staatseigentum.[59] Nur etwa 25 Prozent der heutigen Privatunternehmen bestehen aus ehemaligen Staatsunternehmen die privatisiert wurden.[60] Diese Entwicklung spiegelt die Bedeutung wider, die die Privatwirtschaft und die Selbständigkeit an der wirtschaftlichen Lage Chinas hat.

Szepan unterteilt die inländischen Unternehmen Chinas der heutigen Zeit in vier Typen:[61] Der erste Typ von Unternehmen sind die großen Staatsunternehmen, denen nach wie vor die für die chinesische Regierung strategisch wichtigen Branchen vorbehalten sind. Hierzu gehören etwa die Öl-, Gas- oder Luft- und Raumfahrtindustrie, aber auch die Strom- und Telekommunikationsnetze. Diese Unternehmen werden von der Zentralregierung kontrolliert und stellen meistens Monopole oder Oligopole dar. Hierzu gehören die Unternehmen Sinopec, State Grid oder China Telecom. Die zweite Art von Staatsunternehmen besteht aus mittelgroßen Unternehmen, die im offenen Markt arbeiten. Oft unterstehen solche Unternehmen lokalen Regierungen und agieren in nicht strategischen Feldern, wie zum Beispiel der Automobilindustrie. Diese Unternehmen befinden sich im Wettbewerb mit inländischen und ausländischen Konkurrenten und müssen sich dort behaupten. Ein Beispiel für solch ein Unternehmen ist die Shandong Heavy In-

---

58 Vgl. *Vermeer* (2015), S. 199.
59 Vgl. *Ten Brink* (2013b), S. 68.
60 Vgl. *Ten Brink* (2013a), S.195.
61 Vgl. *Szepan* in Heilmann (Hrsg.) (2016), S. 199-200.

dustry Group. Privatunternehmen, die in strategischen Branchen tätig sind, stellen die dritte Form von Unternehmen dar. Solche Unternehmen handeln zwar überwiegend in der Privatwirtschaft, gelten aber dennoch als staatsnah, da die gute Beziehung zur Regierung wichtig ist für ihren Vertrieb. Diese „Staatsnähe" macht sie jedoch nicht zu einer Art Zweigstelle des Staates, sondern es bedeutet vielmehr, dass das Unternehmen mit dem Staat je nach der Branche und den jeweiligen Risiken mehr oder weniger Freiheiten in der Betriebsführung aushandeln kann. Beispiele hierfür sind die weltweit bekannten Smartphone- und Elektronikhersteller ZTE und Huawei. Als vierte Art von Unternehmen werden Privatfirmen aufgeführt, die in nicht-strategischen Branchen aktiv sind und wettbewerbsorientiert agieren. Solche Unternehmen können national oder international tätig sein, obwohl sich bisher erst wenige solcher Unternehmen auf dem globalen Markt etabliert haben. Ein Beispiel hierfür ist der Ebay-Konkurrent Alibaba.

Zusammenfassend kann man, sagen dass der Anteil von Staatsunternehmen an der chinesischen Wirtschaft sich durch die wachsende Privatisierung deutlich verringert hat. Auf direktem Weg kontrolliere die chinesische Regierung nur einen kleinen Teil der Wirtschaft. Das größte kontrollierte Feld ist der industrielle Bereich, wobei auch dort nur weniger als vier Prozent der Beschäftigten Angestellte der Regierung sind.[62] Trotzdem wurden die Unternehmen im Staatsbesitz entgegen der Prognose vieler Experten nicht durch die Privatunternehmen überflüssig noch verschwanden sie vom Markt. Im Gegenteil, die bestehenden Staatsunternehmen stellen für den chinesischen Staat wichtige Wirtschaftseinheiten dar.[63]

5.2 Kommunale Wirtschaftsunternehmen (TVEs)

Eine besondere Unternehmensform bilden kommunale Wirtschaftsunternehmen des Kollektivbesitzes, die sogenannten „township and village enterprises" (TVEs), die insbesondere in ländlichen Regionen eine entscheidende Rolle bei der Entwicklung Chinas von der Plan- hin zur Marktwirtschaft spielten. Diese besondere Unternehmensform kann man als ein gutes Sinnbild für die gesamte chinesische Wirtschaft mit ihren vermeintlichen Widersprüchen nehmen, da sie zwar ge-

---

[62] Vgl. *Xu* (2011), S. 9.
[63] Vgl. *Ten Brink* (2013a), S. 197.

winnorientiert arbeiten und im Marktwettbewerb stehen, aber dennoch im Besitz des Kollektivs stehen und der Einfluss des Staates klar deutlich wird.[64]

Die Leitung der TVEs unterliegt den jeweiligen sub-nationalen Regierungen. Sie erlebten zwischen den 1980ern und den frühen 1990ern ihre Hochphase, indem sie verstärkt in arbeits- und ressourcenintensiven Bereichen aktiv wurden, aus denen die großen Staatsunternehmen zunehmend in profitablere Branchen abwanderten. Die Gesetzesänderungen und ersten marktwirtschaftlichen Elemente der ersten Reformen nach 1978 gaben den Bauern die Möglichkeit für den Aufbau der TVEs. Schon im Jahr 1980 beschäftigten die TVEs mehr Menschen als städtische Unternehmen.[65] Dies führte dazu, dass die Landbevölkerung in ihren TVEs eigene Industrien aufbaute. Nach anfänglicher Skepsis erkannte auch die Zentralregierung, dass die Entwicklung der TVEs eine große Chance darstellte, um die zeitweise sehr hohe Arbeitslosigkeit auf dem Land[66] aufzufangen, durch steigende Löhne das Armutsniveau zu senken und die (trotz Verbot zunehmende) Fluktuation der Bevölkerung in die Städte zu mindern. Darum erließ sie Gesetze zum Schutz des Vermögens und der Gewinne der TVEs. Außerdem wurden die TVEs gesetzlich als offizielle Vorrichtungen der Regierung zur Modernisierung der ländlichen Regionen anerkannt. Eine weitere wichtige Maßnahme zur Förderung von TVEs war die fiskalische Dezentralisation, wodurch die sub-nationalen Regierungen mehr Kapital zur Verfügung hatten, das diese bevorzugt in TVEs investierten, da regionale Wirtschaftserfolge der lokalen Regierungen vom Staat belohnt wurden.[67] Aufgrund dieser Vorteile, wie auch durch besseren Zugang zu Ressourcen, Ländereien und Rohstoffe wurden die TVEs mit der Zeit nicht nur gegenüber den staatlichen, sondern auch den privaten Unternehmen überlegen.[68] Diese Bedeutung der TVEs nahm in den 2000ern ein rapides Ende. Ein Grund hierfür waren die weiterhin unklaren Eigentumsrechte der TVEs, da diese Unternehmen

---

[64] Vgl. *Yueh* (2011), S.158-159.

[65] Vgl. *Yueh* (2011), S.159-161. Bestärkt wurde diese positive Entwicklung der TVEs zusätzlich durch die geringe Profitabilität der Landarbeit und das Verbot, vom Land in die Städte zu ziehen. (Vgl. Yueh (2011), S.161-163).

[66] Denn Chinas Wirtschaft hat sich während des Reformprozesses auch sektoral sehr verändert. Der vormals wichtigste Sektor der Fischerei-, Forst-, und Landwirtschaft wurde größtenteils durch den Sekundär- und Tertiärsektor ersetzt. (Vgl. *Szepan* in Heilmann (Hrsg.) (2016), S. 198-199).

[67] Vgl. *Yueh* (2011), S.161-163.

[68] Vgl. *Yueh* (2011), S.165.

zwar theoretisch der gesamten Gesellschaft gehören, die Kontrolle de facto jedoch bei der lokalen Regierung liegt, die kein Interesse daran hat, ihren Einfluss zu vermindern. Zudem wurde staatlichen Unternehmen nun erlaubt, neben der Schwerindustrie auch in der Konsumgüter-Industrie tätig zu werden, die bis dato TVEs vorbehalten war. Hinzu kam, dass auf Grund der voranschreitenden wirtschaftlichen Öffnung und dem Beitritt zur WTO die Anzahl von ausländischen Unternehmen, die in China Fuß fassten, ebenfalls immens zunahm, wodurch es immer schwerer wurde Kredite zu erhalten und nun ein harter Wettbewerb herrschte. Als die Privatwirtschaft durch neue Eigentumsrechte und Gesetze gefördert wurde, erschien diese vielen attraktiver als die TVEs, die sich durch ihre Struktur des kollektiven Besitzes und der Leitung durch die Lokalregierung nicht in das zunehmend marktwirtschaftliche System einfügen konnten.[69] So blieb letztlich den meisten TVEs nur noch der Weg in die Privatisierung, den bis 2004 zwei Drittel der TVEs wählten. Heute sind die größten nicht-staatlichen Unternehmen auf dem Land ehemalige TVEs, in denen sich nun zum Großteil auch ausländische Unternehmen beteiligen. Solche Unternehmen bieten zumeist dreimal so viele Arbeitsplätze, wie ein Kollektivunternehmen, ganz zu schweigen von der deutlich höheren Produktivität im Vergleich zu den traditionellen TVEs. Umso erstaunlicher ist, dass die Zentralregierung nichts desto trotz an der gesellschaftlichen Bedeutung der TVEs als staatlich gefördertem Mittel zur Bekämpfung der ländlichen Arbeitslosigkeit festhält.[70] Das zeigt, dass sie ähnlich wie staatliche Unternehmen nicht nur der Profitmaximierung dienen, sondern auch gesellschaftlichen Zwecken, um auf dem Land den sozialpolitischen Einfluss der Zentralregierung zu wahren.[71]

---

[69] Vgl. *Yueh* (2011), S.165-168.

[70] Vgl. *Yueh* (2011), S.175-177.

[71] Vgl. *Yueh* (2011), S.159-161.

6 Methoden der staatlichen Kontrolle

Die enge Verknüpfung von Partei und Wirtschaft veranschaulicht dieses Zitat des Vorstandsvorsitzenden des chinesischen Elektroriesen Haier: "I appointed myself party secretary of Haier. So I can't have any conflicts with myself, can I?"[72] Um die Besonderheiten der staatlichen Kontrolle der chinesischen Regierung genauer zu erfassen, ist es hilfreich, sie mit dem allgemeinen Formen staatlichen Einflusses auf die Wirtschaft zu vergleichen.

6.1 Kategorien staatlichen Einflusses

Generell kann man staatliche wirtschaftspolitische Koordination in folgende Kategorien einteilen: Es gibt erstens die ex-ante Koordination ausgehend von höher gestellten Stellen, zweitens die ex-post Koordination, die sich an dem Markt ausrichtet, drittens die selbstverantwortliche nicht hierarchische Koordination und viertens eine Koordination nach dem Prinzip verpflichtender und solidarischer Zusammenarbeit.[73] Weiter können Regulierungen des Staates wirtschaftsfördernder, -begrenzender oder -ordnender Natur sein. Diese lassen sich in direkte und indirekte Aktivitäten unterscheiden. Indirekte Regulierungen stellen beispielsweise antizyklische Maßnahmen dar, die aktuellen Entwicklungen einer Volkswirtschaft, wie einer Rezension, entgegenwirken sollen und auch in westlichen Ökonomien Anwendung finden. Der „indikative" Eingriff stellt ein Mittelmaß zwischen der indirekten und direkten Kontrolle dar. Hierdurch werden Unternehmen die ökonomischen Vorstellungen des Staates dargestellt und empfohlen, aber es werden nicht konkrete staatliche Schritte oder Zwänge unternommen, diese Vorstellungen zu erreichen. Direkte Eingriffe stellen dann die extremste Form der staatlichen Kontrolle dar, in der der Wirtschaft konkrete Vorgaben gemacht werden und diese einen bindenden Charakter haben. Die Nichterfüllung dieser Vorgaben zieht dann Konsequenzen seitens des Staates nach sich.[74]

---

[72] *McGregor* (2010), S. 194.

[73] Vgl. *Ten Brink* (2013b), S. 69.

[74] Vgl. *Ten Brink* (2013b), S. 69.

6.2 Besonderheiten und Methoden des staatlichen Eingriffs in China

Die staatlichen Regulierungen in China lassen sich sowohl in wirtschaftsfördernde, -begrenzende und -ordnende Kategorien einteilen. Sie geschehen keinesfalls nur durch die ex-ante Koordination höhergestellter Stellen, sondern enthalten ebenso Elemente aller Koordinationsformen.[75] Über die Zeit hat die chinesische Regierung mehrere Veränderungen vorgenommen, um die Entwicklung hin zum marktwirtschaftlichen System voranzutreiben. So wurde durch die Auflösung vieler Ministerien der Verwaltungsapparat deutlich schlanker gemacht und statt mehrerer Kommissionen eine übergeordnete Kommission („National Development and Reform Commission" (NDRC)) zur Aufsicht über die Industrie eingesetzt, deren Tätigkeit jedoch über die Aufsicht hinausgeht, da sie auch planwirtschaftlich agiert.[76] Der chinesische Staat wirkt nach wie vor in das Wirtschaftsgeschehen ein, sodass die ex-ante Koordination stark ist. Jedoch bestehen die Regulationen nicht mehr aus direkten Eingriffen, sondern aus wirtschaftspolitischen Instrumenten oder allgemeinen Gesetzen, also indikativen Eingriffen. Der Einfluss des Staates geschieht versteckt unter dem Mantel des Rechts, sodass staatliche Interventionen zum Teil nicht mehr als solche erscheinen. Besonders einflussreich ist die Regierung bei Staatsunternehmen, da die staatlichen Anteile an den Unternehmen in einer dem Staat untergeordneten Vermögensverwaltungskommission (SASAC) zusammengeführt sind und die Regierung so starken Einfluss auf die Gewinnabführung, die Besetzung der Führungspositionen sowie die Unternehmensstrategie hat. Ein sehr effektives Mittel der staatlichen Einflussnahme ist die von Szepan beschriebene Kontrolle bei der Stellenbesetzung. Es kommt häufig vor, dass ehemals hohe Manager in die Politik wechseln. Dieses bewusste Durchmischen der Wirtschaft und der Politik zeigt sich am besten darin, dass die Vorstandsvorsitzenden der größten Staatsunternehmen hohe Ämter in der KPC innehaben. Bei staatseigenen Betrieben beschränkt sich der staatliche Einfluss nicht nur auf leitende Posten. Auch bei Unternehmen, die dem Staat nahe stehen (siehe die verschiedenen Unternehmenstypen oben), ist die Parteimitgliedschaft Voraussetzung für eine leitende Stelle.[77]

---

[75] Vgl. *Ten Brink* (2013b), S. 69.

[76] Vgl. *Ten Brink* (2013b), S. 71.

[77] Vgl. *Szepan* in Heilmann (Hrsg.) (2016), S. 201-202.

Die bisher dargestellten Regulierungsinstrumente beschränkten sich auf staatseigene Unternehmen. Doch der Einfluss der KPC auf die Wirtschaft umfasst genauso den Bereich der Privatwirtschaft, weshalb ex-ante Koordination und indikative Eingriffe Unternehmen jeder Art betreffen. So ist zum Beispiel die Kapitalvergabe ein oft praktizierter Weg des Staates, sowohl Staats- als auch Privatunternehmen in ihrem Handeln zu beschränken. Jegliche Verwendung von Fremd- oder Eigenkapital benötigt in China einer staatlichen Genehmigung, sodass letztlich alle Unternehmen von der Gunst des Staates abhängig sind. Die chinesische Regierung legt gemeinsam mit den sub-nationalen Regierungen in Mehrjahresplänen ihre Industriepolitik fest, in denen festgehalten wird, welche Branchen besondere Förderungen oder Lizenzen erhalten und welche Fusionen geschehen. Damit die Eingriffe nicht mehr, wie in der Vergangenheit üblich, auf Einzelfälle bezogen und direkt verlaufen, hat die chinesische Regierung mit der Zeit staatliche Regulierungs- und Aufsichtsbehörden eingesetzt. Die offizielle Aufgabe dieser Behörden ist, als eine neutrale Instanz über das Marktgleichgewicht zu wachen, doch das sei laut Szepan eher Theorie,[78] denn in der Praxis gingen den Genehmigungen politische Verhandlungen und Bestimmungen voraus.[79] Dies führt nicht nur zu einer Legitimation staatlicher Eingriffe, sondern vor allem zu einem juristischen Durcheinander verschiedener staatlicher Rechtsauslegungen. Zuletzt übt der chinesische Staat auch dadurch Kontrolle aus, dass er als Kunde vieler Unternehmen auftritt. So haben Unternehmen, die den Staat beliefern, deutlich bessere Möglichkeiten, sich am Markt zu etablieren, zu investieren oder sich weiterzuentwickeln. Doch auch auf direktem Weg kann der Staat als Kunde durch Investitionsprogramme in die Wirtschaftlichkeit von Unternehmen eingreifen. Allen Unternehmen in China einschließlich der ausländischen ist daher an einem guten Verhältnis mit der Regierung gelegen, um nicht den Staat als wichtigste Kapitalquelle zu verlieren.[80]

Auf der anderen Seite ist die politische Kontrolle der Wirtschaft gar nicht mehr in dem Maße möglich, wie es das noch in der Vor-Reform Zeit möglich war. Denn inzwischen bestehen auch gegenseitige Interdependenzen zwischen dem Staat

---

[78]   Vgl. *Szepan* in Heilmann (Hrsg.) (2016), S. 202.

[79]   So ist zum Beispiel die Kartellaufsicht in China drei verschiedenen miteinander in Konkurrenz stehenden Behörden zugeteilt, die in ihrem Vorgehen gegen Unternehmen eigene Ziele verfolgen. (Vgl. *Szepan* in Heilmann (Hrsg.) (2016), S. 202-203).

[80]   Vgl. *Szepan* in Heilmann (Hrsg.) (2016), S. 202-203.

und den Wirtschaftsunternehmen. Die verschiedenen staatlichen Institutionen sind im hohen Maße von einer erfolgreichen und wachsenden Wirtschaft abhängig und so werden nur die nötigsten Beschränkungen vorgenommen. Seit den Reformen nahm die Regierung ihre Berechtigung aus dem wirtschaftlichen Aufstieg und das ist unverändert immer noch der Grund für die relativ geringe Kritik am politischen System. Die wichtige Rolle Chinas als Exporteur und die große Anzahl ausländischer Investitionen führt darüber hinaus dazu, dass sowohl die Zentralregierung als auch die sub-nationalen Regierungen eine gute Beziehung zum Ausland pflegen wollen,[81] wozu die Erhaltung und weitere Entwicklung eines marktwirtschaftlich orientierten Systems nötig sind. Selbst bei staatlichen Unternehmen greift heutzutage der Staat nicht mehr in das operative Geschäft ein. Doch der Staat behält hier dennoch die Kontrolle durch Kommissionen wie die SASAC, die über den Verlauf von Ausschreibungen entscheidet[82], und kontrolliert, ob und in wieweit ausländische Firmen in manche Geschäftsbereiche drängen.

Zusammenfassend kann man sagen, dass die Interventionsmöglichkeiten des chinesischen Staates zwar inzwischen abgeschwächter und verdeckter sind, aber dennoch deutlich weit über die wirtschaftspolitischen Steuerungsinstrumente hinausgehen, die wir üblicherweise kennen. Die staatliche Kontrolle besteht zum Großteil aus indikativen Eingriffen, wie dem Einfluss auf die Besetzung der Posten, und ex-ante vorgenommenen Koordinationen, beispielsweise in Form von neuen Gesetzen und Regulierungsbehörden. Es ergibt sich jedoch auch eine Wechselwirkung, weil die neue Wirtschaftsstruktur wiederum die Politik beeinflusst. So verläuft beispielsweise der Wettbewerb unter den lokalen Regierungen in einem marktorientierten Wettbewerb. Viele Eingriffe sind inzwischen weniger politisch-ideologischer Natur, sondern dienen vielmehr dazu, die maximale Effizienz des Marktes zu garantieren. Zum Erreichen des größtmöglichen Wirtschaftswachstums sind dem Staat fast alle Mittel recht.[83]

---

[81] Vgl. *Ten Brink* (2013b), S. 68.

[82] Ein Beispiel für die einerseits marktorientiertere und zugleich doch noch immer staatlich geprägte Wirtschaft Chinas ist die staatliche Kommission für Entwicklung und Reform „NDRC" (National Development and Reform Commission), die allgemeine Investitionspläne erstellt und ein Budget vorgibt, diese jedoch sowohl für staatliche als auch private Unternehmen ausschreibt. Doch die Auswahl der Unternehmen verläuft in komplizierten Verhandlungen, in denen nicht selten Korruption als auch Netzwerke zum Staat die ausschlaggebenden Faktoren sind. (Vgl. *Ten Brink* (2013b), S. 72-73).

[83] Vgl. *Ten Brink* (2013a), S. 278-279.

7 Das Verhältnis von staatlichem Einfluss und Wirtschaftswachstum

Die nach wie vor bestehenden Einschränkungen und Eingriffe des chinesischen Staates sind zweifelsohne aus rechtlicher und demokratischer Sicht sehr fraglich. Außerdem stehen sie im starken Widerspruch zu der liberalen Vorstellung der meisten westlichen Länder, dass ein möglichst passiver Staat am besten ist für wirtschaftliche Entwicklung.[84] Diese Arbeit bietet nicht den Raum zu einer politischen Bewertung des chinesischen Staatssystems, sondern beschränkt sich auf den ökonomischen Aspekt. Da die bisherige wirtschaftliche Entwicklung dem chinesischen Staat Recht zu geben scheint und China gemessen am BIP zur zweitgrößten Wirtschaftsmacht aufgestiegen ist[85], fällt es aus ökonomischer Sicht schwer, den staatlichen Einfluss von vornherein als falsch abzutun. Doch es bleibt zu fragen, in wie fern das Wirtschaftswachstum Chinas aufgrund oder trotz der staatlichen Kontrolle geschah.

7.1 Anteil der Kontrolle am wirtschaftlichen Erfolg

Wendet man die allgemeinen Kriterien zur Steigerung der Effizienz an, so ist die staatliche Regulierung Chinas laut ten Brink ein Erfolg.[86] Auch in westlichen Ländern werde China nach Meinung von ten Brink um seine Fähigkeit beneidet[87], langfristig planen zu können, da die Politik nicht nach einer Legislaturperiode verändert werden kann. Außerdem könne China durch seinen funktionsfähigen Parteiapparat die Wirtschaft beeinflussen und dafür sorgen, dass staatliche Interventionen nicht in dem Maße hinterfragt werden wie in westlichen Ländern.[88] Doch ten Brink hebt zugleich hervor, dass das chinesische Wirtschaftswunder sehr stark begünstigt wurde durch verschiedene geschichtliche Umstände und äußere Faktoren, wie zum Beispiel den im hohen Maße erfolgten ausländischen Investitionen, aber auch dem seit jeher wichtigen Exportsektor. Eine Schwäche

---

[84] Vgl. *Ten Brink* (2013b), S. 66.

[85] https://de.statista.com/statistik/daten/studie/157841/umfrage/ranking-der-20-laender-mit-dem-groessten-bruttoinlandsprodukt/, eingesehen am 24.01.2018.

[86] Vgl. *Ten Brink* (2013b), S. 67.

[87] Die staatliche Nachrichtenagentur Xinhua berichtet sogar von einer Bewunderung der restlichen Welt für Xi Jinpings „Sozialismus mit chinesischem Charakter in einer neuen Epoche". (http://www.xinhuanet.com/2018-01/04/c_1122211518.htm, gesehen am 19.02.18).

[88] Vgl. *Ten Brink* (2013a), S. 280-281.

des chinesischen Systems sieht ten Brink in der schwerfälligen Anpassungsfähigkeit an neue Entwicklungen. So bezweifelt er, dass das Ziel einer stärkeren Binnennachfrage erreicht werden kann, mit der der Staat auf den Einbruch des Exports im Zuge der Weltwirtschaftskrise reagierte.[89] Auch wird kritisiert, dass das vom Staat gepriesene anhaltende Wirtschaftswachstum nur um den Preis der fortwährenden Abhängigkeit von dem Export und teuren Investitionsprogramme möglich sei.[90] Liu geht sogar so weit zu sagen, dass der Einfluss des Staates keinerlei Anteil an dem wirtschaftlichen Erfolg der chinesischen Wirtschaft trage, sondern einzig die vermehrt eingeführten marktwirtschaftlichen Elemente China zu dieser erstaunlichen Entwicklung verholfen hätten. Die positive Entwicklung auf den hohen staatlichen Anteil und Einfluss auf die Wirtschaft zurückzuführen, sei demnach die falsche Schlussfolgerung.[91]

In jedem Fall weisen diese Einwände darauf hin, dass Chinas bisheriger wirtschaftlicher Erfolg zu einem großen Grad an externe Faktoren und weltwirtschaftspolitische Entwicklungen gebunden ist und nicht einfach nur an der Stabilität und Effizienz des Systems festgemacht werden kann.

7.2 Grenzen der Kontrolle

Ten Brink kommt letztlich zu dem Ergebnis, dass die staatlichen Eingriffe in die Wirtschaft keineswegs einer sinnvollen weitsichtigen Wirtschaftspolitik gleichkommen. Er weist z.B. darauf hin, dass für die Weiterentwicklung des Binnenmarkts ein stabileres soziales Sicherungssystem und höhere Löhne nötig seien. Genau hier zeige sich aber die Schwäche der staatlichen Kontrolle, denn es würden unabhängige Institutionen wie Gewerkschaften fehlen, die die Arbeitnehmer repräsentieren und für diese gegen den Staat neue Gesetze durchsetzen. Die größte Herausforderung für ihre zentrale Kontrolle hat die KPC sich selber geschaffen, indem sie den lokalen Wettbewerb zwischen den sub-nationalen Regierungen förderte und diesen die Leitung der regionalen Wirtschaften überließ. Das war zwar ein wichtiger Faktor für das Wirtschaftswachstum, führte aber zu einem Chaos zwischen den zentralen Vorgaben der KPC und den dezentralen Umsetzun-

---

[89] Vgl. *Ten Brink* (2013b), S. 76.
[90] Vgl. *Ten Brink* (2013b), S. 76-77.
[91] https://www.chinacenter.net/2014/china_currents/13-2/market-vs-government-in-managing-the-chinese-economy/, eingesehen am 23.01.2018.

gen durch die sub-nationalen Regierungen,[92] die makroökonomischen nationalen Ziele der Zentralregierung oftmals hinter ihre Eigeninteressen stellen.[93] Dazu gehören z.B. auch die überhöhten Investitionen der sub-nationalen Regierungen entgegen der zentralen Finanzpolitik. Ten Brink sieht hier eine gewisse Ironie, da die an sich effizienten Instrumente der Zentralregierung durch ihre eigens eingeführten marktwirtschaftlichen Elemente aufgehoben werden.[94] Die zunehmenden Versuche der Zentralregierung, die Steuerung wieder zu zentralisieren, stellen sich jedoch als schwierig heraus und ten Brink sieht die Regierung vor dem großen Problem, das Ziel des anhaltenden Wachstums mit einer wieder stärker zentralisierten Politik zu vereinbaren.[95]

Liu weist darauf hin, dass die staatseigenen Unternehmen sich trotz immer wieder neuer Anpassungen und Reformen als ineffizienter zeigen als die Unternehmen der Privatwirtschaft.[96] Die neu geschaffenen Regulationsbehörden, die diese Unternehmen kontrollieren sollen, stehen sich häufig eher gegenseitig im Weg als sich zu unterstützen und zu ergänzen. Diese relative Machtlosigkeit zeige sich auch bei der SASAC, der es oftmals schwer falle, die Verflechtungen einfluss- und ressourcenreicher Führungspersonen innerhalb der Unternehmen im Griff zu haben. Weder der Einfluss der SASAC auf die personelle Besetzung der Firmensitze vor Ort noch der Einfluss der Partei auf die gegenwärtig ca. 420.000 Unternehmen mit Parteigruppen sei eine Garantie dafür, dass die Ziele und Strategien der Zentralregierung durchgesetzt werden.[97] Vielmehr gehe es oftmals um das Interesse der lokalen Regierung oder der Unternehmensführung.[98] Zusammenfassend lässt sich festhalten, dass der Staat trotz seines weitreichendem Behördensystems und den verschiedenen Eingriffsmöglichkeiten keinen allumfassenden Einfluss

---

92 Vgl. *Ten Brink* (2013b), S. 77.

93 Vgl. Ten Brink (2013b), S. 78. So gab es wiederholt die Gefahr einer Inflation und es fiel dem Staat bisher schwer darauf zu reagieren. (Vgl. *Ten Brink* (2013b), S. 78).

94 Vgl. *Ten Brink* (2013b), S. 77.

95 Vgl. *Ten Brink* (2013b), S. 77.

96 https://www.chinacenter.net/2014/china_currents/13-2/market-vs-government-in-managing-the-chinese-economy/, eingesehen am 23.01.2018.

97 Diesem Problem versuchte die SASAC durch eine Steuererhöhung für die staatlichen Unternehmen entgegenzuwirken, um mehr Anteil an den zum Teil sehr hohen Gewinnen zu haben und damit gleichzeitig ihre Position in den Unternehmen zu wahren. Doch auch hier zeigte sich, dass die Macht der einzelnen großen Staatsunternehmen und deren Vernetzung so groß sind, dass solche Regulationen kaum griffen. (Vgl. *Ten Brink* (2013b), S. 77-78).

98 Vgl. *Ten Brink* (2013b), S. 77-78.

auf die chinesische Wirtschaft hat. Gerade die lokalen Regierungen haben nach wie vor einen großen Einfluss auf ihre Regionen, Bezirke und Gemeinden und setzen so der staatlichen Kontrolle Grenzen.

8 Aktuelle Entwicklungen und Zukunftsaussichten

8.1 Einschätzung der aktuellen wirtschaftlichen Herausforderungen

Die widersprüchlichen Beschlüsse der vergangenen Parteikongresse spiegeln laut Liu sehr gut die Schwierigkeiten Chinas wider, durch den Drang nach einer offenen, globalen und wachsenden Wirtschaft nicht die Machtstellung des Staates zu gefährden. Er hält es für fraglich, ob die geplante Ressourcenverteilung nach marktwirtschaftlichen Prinzipien gelingen kann. Durch die immer wieder aufkommenden politischen Probleme Chinas, wie zum Beispiel die Luftverschmutzung oder die Sicherung des nationalen Zusammenhalts, werde die chinesische Regierung in eine planerische, kontrollierende Rolle zurückgedrängt und eine kontinuierliche Implementierung einer freien Marktwirtschaft erschwert.[99] Optimistischer fällt die Bewertung durch einen aktuellen Artikel der staatlichen Renminbao[100] aus: Hier wird auf das richtungsweisende Motto Xis verwiesen, dass man mit „Qualität statt Quantität" [101] umschreiben kann. Es geht nicht mehr nur um den stetigen quantitativen Anstieg des Outputs, sondern um die Verbesserungen der Strukturen für ein nachhaltiges Wirtschaftswachstum, das z.B. auch ökologische Aspekte, Energieeffizienz, Armuts- und Korruptionsbekämpfung sowie verbesserte Beziehungen zwischen der Zentralregierung und den subnationalen Regierungen in den Blick nimmt und sich in einer verstärkten Binnennachfrage niederschlägt.[102] Der aktuelle Artikel in der staatlichen Renminbao verweist auf erste Erfolge des neuen Kurses der chinesischen Regierung, indem die Binnennachfrage gestiegen und die Dienstleistungsbranche auf beträchtliche 60 Prozent des gesamten BIP gewachsen sei. Zugleich wird als weiterer Handlungsbedarf genannt, die Angebotsseite der Wirtschaft zu stärken und somit der hohen Nachfrage gerecht zu werden.[103] Die staatliche Nachrichtenagentur Xinhua

---

[99] https://www.chinacenter.net/2014/china_currents/13-2/market-vs-government-in-managing-the-chinese-economy/, eingesehen am 23.01.2018.

[100] http://en.people.cn/n3/2018/0125/c90000-9419881.html, eingesehen 30.01.2018.

[101] https://www.forbes.com/sites/alanfleischmann/2017/11/09/xi-on-the-rise-outcomes-from-the-19th-chinese-communist-party-congress/#4852cdfb573c, 23.01.18.

[102] http://en.people.cn/n3/2018/0125/c90000-9419881.html, eingesehen am 30.01.2018 und https://www.forbes.com/sites/alanfleischmann/2017/11/09/xi-on-the-rise-outcomes-from-the-19th-chinese-communist-party-congress/#4852cdfb573c, eingesehen am 23.01.18.

[103] http://en.people.cn/n3/2018/0125/c90000-9419881.html, eingesehen am 30.01.18.

hat in einem Artikel wichtige Bereiche herausgearbeitet, an denen sich der weitere wirtschaftliche Erfolg entscheiden werde. Die Reformierung der Staatsunternehmen solle ebenso vorangetrieben werden, wie die weitere globale Öffnung der Wirtschaft, da beides eine bedeutende Rolle für die Entwicklung zu einer weltweit konkurrenzfähigen Wirtschaft habe. Deshalb müssten vermehrt Staatsunternehmen teilprivatisiert werden und ausländischen Unternehmen neue Chancen eröffnet werden. Den Freihandelszonen[104] solle mehr eigene Macht zukommen und es sei zusätzlich geplant, Freihandelshäfen zu eröffnen. Auf Grund ihrer hohen Bedeutung müssten unter anderem in den Bereichen der Umweltbekämpfung und der digitalen Wirtschaft staatliche Eingriffe vorgenommen werden, wobei gerade die aufstrebende digitale Wirtschaft einer klaren Regulierung benötige.[105]

Wie die marktwirtschaftliche Steuerung der Ressourcen gedacht ist, erläuterte Liu He[106], der als Vordenker des wirtschaftlichen Kurses unter Xi Jinping gilt, in seiner Rede auf dem Weltwirtschaftsforum 2018 in Davos über Chinas neue wirtschaftspolitische Agenda. Das Ziel des 19. Kongresses der KPC, bis 2020 einen allgemeinen Wohlstand der Gesellschaft zu erreichen und bis 2050 die Wandlung zu einem bedeutendem[107], modernen sozialistischen Land vollzogen zu haben, könne nur erreicht werden, wenn China den Marktwettbewerb, die Öffnung des Finanzmarktes und eine Import-freundliche Politik weiter vorantreibe sowie die Eigentumsrechte, vor allem geistliches Eigentums, stärke und den Wettbewerb fördere. Dieser verstärkte Wettbewerb beinhalte ebenso ausländische Unternehmen, denen der Marktzugang erleichtert und gute Grundlagen für Innovationen geboten werden sollen. Man werde außerdem die wirtschaftspolitischen Regulierungsmethoden weiter anpassen und verbessern. Liu sieht auch die stark an-

---

[104] Inzwischen gibt es 11 solcher Zonen in China, die sowohl in- als auch ausländischen Unternehmen besondere Anreize schaffen sollen sich niederzulassen. (Vgl. *Koehler-Coluccia* (2016), S. 26-27).

[105] http://www.xinhuanet.com/english/2018-01/01/c_136864938.htm, eingesehen am 23.01.18.

[106] Liu ist Mitglied des Politbüros und steht aktuell kurz vor der Ernennung zum stellvertretenden Ministerpräsidenten, womit die Aufsicht der chinesischen Wirtschaft allein ihm unterliegen würde. (https://www.reuters.com/article/us-china-economy-appointment-exclusive/exclusive-china-to-name-harvard-trained-liu-he-as-vice-premier-overseeing-economy-sources-idUSKBN1FF0YB, eingesehen am 30.01.18).

[107] Xi Jinping spricht in seiner Neujahrsansprache am 14.02.2018 auf dem Neujahrsbanquet der KPC von einem Schritt von der „Epoche des Aufbruchs" zur „Epoche der Führung". (http://www.xinhuanet.com/politics/2018-02/14/c_1122419716.htm, eingesehen am 27.02.2018).

wachsende gebildete Mittelschicht als einen wichtigen Faktor, die eine Öffnung Chinas zum globalen Markt vorantreiben wird.[108] Die Rede von Liu zeigt sehr gut das Image, das China nach außen hin vermitteln will, nämlich das eines global agierenden und denkenden Chinas, das nicht nur seine Grenzen öffnet, sondern sich auch auf rechtlicher Ebene endlich von den bisherigen Strukturen löst. Liu unterstrich, dass diese Agenda nicht nur für China, sondern für die globale Wirtschaft viele Chancen mit sich bringe.[109]

Die Zielvorgabe und entscheidende Herausforderung für die weitere Entwicklung der chinesischen Wirtschaft ist also die verstärkte marktwirtschaftliche Ressourcenverteilung, um ein beständiges, nachhaltiges Wachstum zu gewährleisten. Doch wie wir im Folgenden sehen werden, geht dies nicht mit einer Liberalisierung der staatlichen Kontrolle einher.

8.2 Die Stärkung der politischen Kontrolle durch Xi

Auf dem 19. Parteikongress im Oktober 2017 wurde der „Sozialismus chinesischen Charakters in einer neuen Ära"[110] als „Lehre Xi Jinpings" in die Verfassung aufgenommen[111] und erhält damit eine Bedeutung, die sonst nur Mao und Deng zukam.[112] Xi möchte nicht nur Chinas wirtschaftliche Macht stärken, sondern auch politisch den „Sozialismus chinesischen Charakters" wieder zu alter Stärke führen. Laut Xi ist das politische System nicht in seinen Grundzügen schwach, sondern bedürfe nur einer Neuorganisation unter der Führung einer starken Spitze. Dies ist gleichbedeutend damit, dass unter der Führung von Xi kein demokratisches System implementiert werden soll. Die geplanten Reformen dienen

---

[108] http://www.xinhuanet.com/world/2018-01/25/c_1122310663.htm, eingesehen am 30.01.18.

[109] http://www.xinhuanet.com/world/2018-01/25/c_1122310663.htm, eingesehen am 30.01.18.

[110] Diesen bezeichnet Xi in seiner Ansprache auf dem Neujahrsbanquet der KPC als großartigen Entwurf für die Entwicklung Chinas bis zur Mitte dieses Jahrhunderts bezeichnet. (http://www.xinhuanet.com/politics/2018-02/14/c_1122419716.htm, eingesehen am 27.02.2018).

[111] Xi Jinpings Ideologie wird als die theoretische Essenz für die kommenden Jahre bezeichnet und als ein „geistiger Schatz" der Partei an dem lange festgehalten werden muss. (http://www.news.cn/nzzt/43/index.htm, eingesehen am 19.02.18).

[112] http://time.com/4994618/xi-jinping-china-19th-congress-ccp-mao-zedong-constitution/, eingesehen am 27.02.18.

zum effektiveren Wirken der Partei für die „sozialistische Demokratie" Chinas,[113] weil der Partei bei der Stärkung von Chinas Wirtschaft und politischem System die entscheidende Rolle zukommt. Damit die Partei dieser Aufgabe gerecht werden kann, soll sie als Planungs- und Kontrollinstrument wiederbelebt[114] werden. Ihr bedeutender geschichtlicher Einfluss für China soll wieder der Bevölkerung bewusstgemacht werden und an einem positiveren Image der Partei und gestärktem Vertrauen in sie gearbeitet werden. Dies ist auch der Grund für das rigorose Vorgehen unter Xi gegen die Korruption in staatlichen Institutionen. Ebenso wird darauf gedrängt, die Parteiansicht als eine einheitliche, allgemeine Meinung zu verbreiten, damit die Zustimmung der Bevölkerung gewahrt bleibt.[115] Dazu dienen sowohl Kampagnen zur Stärkung des Nationalstolzes und des „Wir-Gefühls"[116] als auch Änderungen in der praktischen Politikausübung, sodass die Beteiligung der Bevölkerung eine größere Rolle spielen soll.[117] Die Regierung rechtfertigt die zunehmende Kontrollfunktion der Partei damit, dass negative Effekte, wie die Korruption, geschlossener bekämpft[118] und die Implementierung des neuen angebotsorientierteren Kurses effektiver umgesetzt werden können. Nach dieser Logik ist die stärkere Kontrolle durch die Partei die Voraussetzung für eine stärkere Marktorientierung der Ressourcen. Infolge der in China tätigen Firma Basilinna ist die wichtigste Neuerung des 19. Parteitages, dass Xi seine Kontrolle über den Machtapparat der Partei festigen konnte und zugleich in Zukunft eine noch gewichtigere Stimme bei Entscheidungen haben wird, wodurch die Entwicklung unter Xi hin zu mehr Zentralisierung und einer wiedererstarkten

---

[113] Vgl. *Tsang/Men* (2016), S. 18-19.

[114] Auch die staatliche Nachrichtenagentur Xinhua spricht davon, dass die Arbeitsmechanismen verbessert werden müssten, damit die Ausführung, Überwachung, Evaluation, Belohnung und Bestrafung gemäß der politischen Maßnahmen der Zentrale geschehen. (http://www.news.cn/nzzt/43/index.htm, eingesehen am 19.02.18).

[115] So fordert Xi Jinping in seiner Neujahrsansprache am 14.02.2018 alle Volksgruppen, die Armee und die gesamte Partei dazu auf, sich eng um die Parteizentrale zusammenzuschließen, um so geschlossen geprägt vom Geist des 19. Parteikongresses, des Marxismus-Leninismus, der Gedanken Maos und der Theorie Deng Xiaopings in Richtung einer neue Epoche zu schreiten. (http://www.xinhuanet.com/politics/2018-02/14/c_1122419716.htm, eingesehen am 27.02.2018).

[116] So wird die Wichtigkeit des Volkes oft propagiert und die Bedeutung des Zusammenhalts hervorgehoben. (http://www.xinhuanet.com/2018-01/04/c_1122211518.htm, eingesehen am 19.02.18).

[117] Vgl. *Zhang/Chang* (2016), S.131 sowie *Tsang/Men* (2016), S. 18-19.

[118] http://www.chinadaily.com.cn/a/201801/11/WS5a57691da3102c394518e9f6.html, eingesehen am 30.01.18.

Partei bestärkt werde und die Hoffnung der Bürger und Unternehmen auf mehr politische Freiheit im Zuge einer wirschaftlichen Liberalisierung weiter sinke.[119]

So ist Tsangs Einschätzung aus dem Jahr 2016 nach wie vor zutreffend, der die Entwicklung unter Xi mit einem Vogelkäfig vergleicht, der eine solche Größe angenommen hat, dass dem Vogel kaum auffällt, dass er sich noch im Käfig befindet. Dieser Käfig würde solange vergrößert werden und dem Vogel damit das Gefühl von Freiheit gegeben, wie er dies mit Leistung bestätige.[120] Der Staat werde dann eingreifen und die bisher geschaffenen Freiheiten eingrenzen, wenn er durch sie den Erhalt des sozialistischen Systems gefährdet sieht. Der Käfig über der Wirtschaft wird also nie ganz gehoben werden.[121]

Ob die Entwicklung zu einer Qualitäts-orientierten, modernen Wirtschaft aber tatsächlich mit staatlicher Kontrolle zu vereinbaren ist, bleibt aber fraglich, wie folgendes aktuelles Beispiel illustriert.

8.3 Die Herausforderung durch die digitale Entwicklung

8.3.1 Die digitale Wirtschaft als neue Bedrohung

Dem Ziel einer an Qualität orientierten, modernen Wirtschaft entspricht es dass China gerade hinsichtlich der digitalen Wirtschaft die am stärksten wachsende Nation weltweit ist. Doch zugleich stellt das große Herausforderungen an die staatliche Regulation.[122] Da die digitale Wirtschaft zunehmend unabhängige Methoden benutzt, z.B. bei Zahlungen, sieht der chinesische Staat hierin eine Gefahr, die Kontrolle zu verlieren. Die Bezahlungen über Drittanbieter, die einen wichti-

---

[119] https://www.forbes.com/sites/alanfleischmann/2017/11/09/xi-on-the-rise-outcomes-from-the-19th-chinese-communist-party-congress/#4852cdfb573c, eingesehen am 23.01.18. Zu einer ähnlichen Bewertung kommt die deutsche Botschaft, die in ihrem aktuellen Bericht 2017 eine rückwärtsgewandte Entwicklung der chinesischen Regierung erkennt, in der die Partei wieder eine zunehmende Rolle einnimmt. (http://www.china.diplo.de/Vertretung/china/de/_pr/2017/reden_bo/170928-scmp-pm.html?archive=3366876, eingesehen am 24.01.18).

[120] Vgl. *Tsang/Men* (2016), S. 30-31.

[121] Vgl. *Tsang/Men* (2016), S. 31-32. Für diese Einschätzung verwies Tsang auf den Beschluss des 18. Zentralkomitee im Jahr 2013 zur Einsetzung einer neuen Gruppe zur Reformimplementierung (GZR), die für eine stärkere Rolle der Partei in der Wirtschaft und die energischere Umsetzung von Neuerungen sorgen soll, um die zentralere Ressourcenverteilung zu sichern.

[122] Vgl. *Hu/Zheng/Yin* (2016), S. 31-32.

gen Teil der Digitalisierung des Finanzwesens ausmachen, betrugen im Jahr 2014 1,6 Prozent der gesamten elektronischen Zahlungen in China. Darüber hinaus ist China das Land mit den meisten Darlehen, die über das Internet vergeben werden. So ist auch dieser Finanzbereich durch die Digitalisierung immer mehr auf verschiedene Anbieter aufgeteilt. Hu und Zheng relativieren diese Entwicklungen jedoch und verweisen auf den geringen Anteil der Internetanbieter im Gesamtverhältnis sowie die noch schwache Entwicklung des Crow-Funding, sodass der Staat hier keine ernsthafte Alternative zur staatlichen Kapitalvergabe zu befürchten habe. Die international mehr und mehr auftretenden digitalen Währungen hätten ebenfalls einen geringen Einfluss auf die chinesische Wirtschaft, da der Staat auf Grund von einer strengen Internet- und Währungskontrolle hier nur wenig Einfluss von ausländischen Digitalwährungen auf den chinesischen Markt zulässt.[123] Angesichts des starken Trends der Digitalwährungen, wie Bitcoin zum Beispiel, verbot der chinesische Staat diese und regulierte ebenfalls die Rechenzentren solcher Währungen.[124] Der wirkungsreichste Bereich des digitalen Finanzwesens ist laut Hu und Zheng der der Internetfonds,[125] wie zum Beispiel das Unternehmen Yu'ebao, das inzwischen der größte Geldmarktfond der Welt ist. Im Vergleich zu klassischen Fonds haben Internetfonds sehr viele Nutzer mit kurzen Laufzeiten, sodass eine hohe Liquidität gewahrt wird und höhere Kurse angeboten werden können,[126] weshalb sie deutlich ertragreicher sind und die klassischen Fonds vermehrt vom Markt drängen. Zuletzt forderte die moderne Informatik die Staatskontrolle dadurch heraus, dass sie es ihr schwerer macht, Vergehen nachzugehen und Beweise zu sammeln. So steht der chinesische Staat vor der Frage, ob eine Kontrolle dieses Bereichs überhaupt möglich ist, welche Mittel benötigt werden und ob diese wirtschaftlich sinnvoll sind.[127]

---

[123] Vgl. *Hu/Zheng/Yin* (2016), S. 44-46.

[124] http://www.handelsblatt.com/finanzen/maerkte/devisen-rohstoffe/handel-mit-kryptowaehrungen-china-will-bitcoin-regeln-weiter-verschaerfen/20848108.html, eingesehen am 15.02.2018.

[125] Vgl. *Hu/Zheng/Yin* (2016), S. 44-46.

[126] https://www.ft.com/content/28d4e100-2a6d-11e7-bc4b-5528796fe35c, eingesehen am 15.02.2018.

[127] Vgl. *Hu/Zheng/Yin* (2016), S. 50-51.

8.3.2 Das Problem der Internetzensur

Die seit Jahren verstärkte Internetzensur lässt sich als Reaktion auf diese empfundene Gefahr verstehen. Die Spitze dieser Entwicklung erreichte China ganz aktuell mit dem geplanten Verbot und damit auch der Schließung sämtlicher VPNs (Virtual Private Networks), über die es den chinesischen Bürgern, aber auch in China lebenden Ausländern möglich war, auch staatlich gesperrte Internetseiten aufzurufen. Diese Neuerung wird auch Firmen betreffen. Gerade ausländische Firmen haben solche VPNs benutzt, um geschäftliche Angelegenheiten vor dem Zugriff des Staats zu schützen. Mit dieser neuen „Cybersouveränität", wie es Chinas Staatschef Xi Jinping selbst nennt, will China endgültig die vollkommene Kontrolle über alle digital ablaufenden Aktivitäten gewinnen. Zu dieser neuen Kontrolle gehört auch die Verpflichtung ausländischer Unternehmen, ihre Daten zu speichern und dem chinesischen Staat jederzeit zur Verfügung zu stellen. Unternehmen, die in den sogenannten strategisch wichtigen Branchen tätig sind, dürfen fortan nur noch mit staatlich genehmigten Geräten arbeiten. Die Kehrseite dieser noch strengeren Kontrolle ist, dass viele Unternehmen die Allmacht des Staates über die Daten als ernsthafte Bedrohung sehen und so der Standort China gerade für ausländische Unternehmen unattraktiver wird.[128] Die dramatische Entwicklung der verstärkten Internetzensur steht nicht nur neuen Innovationen im Weg, sondern erschwert es auch Firmen, parallel in China und im Ausland zu agieren. Die Sperrung von wichtigen Nachrichtenanbietern und sozialen Netzwerken haben darüber hinaus auch starken Einfluss auf die Lebensqualität in China und so fällt es immer schwerer gut ausgebildete, junge ausländische Arbeitnehmer für einen Job in China zu motivieren. Das alles führt zu einem Rückgang der Investitionen gerade von ausländischen Firmen in China, da sie sich unsicher sind inwieweit sie ihre Betriebsgeheimnisse wahren können und der chinesische Markt auch in Zukunft attraktiv ist.[129]

Man kann also zusammenfassen, dass die Digitalisierung der Wirtschaft zwar keine akute Bedrohung der staatlichen Kontrolle der chinesischen Wirtschaft darstellt, jedoch in ihrer enormen Dynamik durchaus in der Zukunft das Finanzsys-

---

[128] http://www.handelsblatt.com/unternehmen/it-medien/verbot-von-vpn-verbindungen-china-dreht-das-freie-internet-ab/20858618.html, eingesehen am 17.02.2018.

[129] http://www.wiwo.de/politik/ausland/zunehmende-beschraenkungen-im-netz-fuer-die-industrie-ist-die-internetpolitik-eine-katastrophe/20661594-3.html, eingesehen am 24.01.18.

tem Chinas umstrukturieren kann. So ist es denkbar, dass in einigen Jahren die digitale Wirtschaft gerade in Sachen Finanzierungsmöglichkeiten und Kapitalvergabe, zu einem ernsthaften Konkurrenten des bisherigen Finanzsektors werden kann. Dies könnte dazu führen, dass der Finanzsektor seine Arbeitsweise überdenkt und ebenfalls offener agiert.[130] Die Regierung unter Präsident Xi sieht dies vor allem als Gefahr für die staatlichen Regulierungsmöglichkeiten gegenüber der Wirtschaft. Ihr Versuch, durch massive Internetzensur die „Cybersouveränität" zu gewinnen, offenbart deutlich die Grenzen der Vereinbarkeit von staatlicher Kontrolle und wirtschaftlichem Wachstum und Fortschritt.

---

[130] Vgl. *Hu/Zheng/Yin* (2016), S. 46-47.

9 Fazit

Abschließend kann gesagt werden, dass politische Kontrolle im chinesischen Wirtschaftssystem in allen Phasen der Reformperiode eine große Rolle spielte und unter Xi Jinping ausdrücklich als Grundlage des wirtschaftlichen Erfolges gepriesen wird. Möglich ist dieses Zusammenwirken von marktwirtschaftlichem Erfolg und staatlicher Kontrolle durch das einmalige System einer „mixed economy", das nur durch eine allmähliche Entwicklung in vielen Schritten möglich wurde.

Die besondere Dynamik dieses Systems lässt sich durch die RDA (regionally decentralized authoritarian) Struktur erklären, die einerseits der Zentralregierung positive Effekte aus den regionalen Reformexperimenten ermöglicht. Doch andererseits stellen die Regionalregierungen, mit ihren sehr unterschiedlich ausfallenden Lokalinteressen und kulturell wie ethnisch verschiedenen Prägungen, die größte Herausforderung an die Zentralmacht dar. Die aktuelle Entwicklung geht wieder Richtung verstärkter Zentralmacht, wodurch nach Meinung der Regierung die marktwirtschaftliche Orientierung überhaupt erst ermöglicht wird und vorangetrieben werden kann. Staatliche Kontrolle ist in China mit einer Parteikontrolle gelichzusetzen. Sie geschieht heute verdeckter und unter gesetzlichen Vorgaben. Ein wichtiges Instrument zur Wahrung des staatlichen Einflusses, das in China Tradition hat, ist der Einfluss der Partei auf die Personalpolitik der subnationalen Regierungen, aber auch vieler Unternehmen. Dadurch ist ein staatlicher Einfluss auf alle Wirtschaftsformen der in China ansässigen Unternehmen gewährleistet. Weiterhin sichert sich der Staat trotz aller marktwirtschaftlichen Reformen seinen Einfluss auf alle Bereiche der Wirtschaft durch die nach wie vor bestehende Abhängigkeit aller Akteure vom staatlichen Finanzsektor. Dies ist auch der Grund weshalb die digitalen Fonds im Zuge der Digitalisierung der Wirtschaft die politische Führung Chinas nervös machen.

Der amtierende Staatspräsident sieht den Fakt des anhaltenden Wirtschaftswachstums über Jahrzehnte als den Beweis für die Überlegenheit des chinesischen Systems und der Ideologie der KPC. Dies kann jedoch angezweifelt werden, da durchaus andere Faktoren erst dazu beitrugen, dass das chinesische System in seiner Form erfolgreich sein konnte. Die aktuelle Herausforderung vor die das Internet den Staat stellt und dessen starke Regulierung zeigen hingegen sogar, dass die elementare Bedeutung der parteilichen Macht und Kontrolle nicht mit einer freien, voranschreitenden und marktwirtschaftlich orientierten Wirtschaft zu vereinbaren ist. Nach meiner Einschätzung ist die Agenda unter Xi das Ergebnis ideologisch geleiteter Entscheidungen und nicht wirtschaftlicher Überlegungen. Auf lange Sicht wird der chinesische Staat nicht den Widerspruch zwischen stärkerer staatlicher Kontrolle und einer zunehmend wachsenden Wirtschaft aufheben können und sich zwischen beiden entscheiden müssen. Für welchen der beiden Wege sich die chinesische Politik in den nächsten Jahren entscheiden wird, wird Chinas Entwicklung nicht nur in wirtschaftlicher Hinsicht beeinflussen und entscheidend dafür sein, inwiefern es sein Ziel erreichen kann, ein globaler Vorreiter zu werden.

Literaturverzeichnis

Monographien

Hu, B. / Zheng, L. / Yin, Z., 2016, Development of China's Financial Supervision and Regulation, Palgrave Macmillan, New York.

McGregor, R., 2010, The Party. The Secret World of China's Communist Rulers, HarperCollins, New York.

Miller, L., 1996, Science and Dissent in Post-Mao China. The Politics of Knowledge, University of Washington Press, Seattle/London.

Ten Brink, T., 2013a, Chinas Kapitalismus. Entstehung, Verlauf, Paradoxien, Campus Verlag, Frankfurt/New York.

Tsang, T. / Men, H., 2016, China in the Xi Jinping Era, Palgrave Macmillan

Vermeer, M., 2015, China.de, Springer Fachmedien, Wiesbaden.

Yueh, L., 2011, Enterprising China. Business, Economic, & Legal Developments since 1979, Oxford University Press, New York.

Zhang, X. / Chang, X., 2016, The Logic of Economic Reform in China, China Social Sciences Press/Springer Verlag, Berlin/Heidelberg.

Beiträge in Sammelwerken

Heilmann, S., 2016, ‚in: S., Heilmann (Hrsg.), Das politische System der Volksrepublik China, Springer Fachmedien, Wiesbaden, S. 181-183.

Heilmann, S. / Shih, L. / Heep, S., 2016, ‚in: S., Heilmann (Hrsg.), Das politische System der Volksrepublik China, Springer Fachmedien, Wiesbaden, S. 27-139.

Huotari, M., 2016, ‚in: S., Heilmann (Hrsg.), Das politische System der Volksrepublik China, Springer Fachmedien, Wiesbaden, S. 183-187.

Szepan, M., 2016, ‚in: S., Heilmann (Hrsg.), Das politische System der Volksrepublik China, Springer Fachmedien, Wiesbaden, S. 197-203.

Zeitschriftenaufsätze

Benner, M., 2010, Das Wirtschaftssystem der Volksrepublik China, Essay für das Junge Forum der Gesellschaft für Außenpolitik.

Fischer, D., 2006, Volksrepublik China. Chinas sozialistische Marktwirtschaft, Informationen zur politischen Bildung (Heft 289), S. 4-6 (abrufbar unter: http://www.bpb.de/izpb/8844/chinas-sozialistische-marktwirtschaft, eingesehen am 24.01.2018).

Heilmann, S., 2006, Volksrepublik China. Kurze Geschichte der Volksrepublik China, Informationen zur politischen Bildung (Heft 289), S. 1-3 (abrufbar unter: http://www.bpb.de/izpb/8840/kurze-geschichte-der-volksrepublik-china, eingesehen am 28.02.2018)

Koehler-Coluccia, K., 2016, Chinas Freihandelszonen. Eine Übersicht für SMEs, Export- und Zollpraxis kompakt, Zoll.Export, 12/16, S. 26-30, (abrufbar unter: http://www.koehlerservices.com/images/stories/pdf/In_the_News/Artikel_Freihandelszonen_China_12_2016.pdf, eingesehen am 28.02.2018).

Liu, X., 2014, Market vs. Government in Managing the Chinese Economy, China Currents 2014 Issue, v. 13 n. 2, chap. 7 (abrufbar unter: https://www.chinacenter.net/2014/china_currents/13-2/market-vs-government-in-managing-the-chinese-economy/, eingesehen am 23.01.18).

Ten Brink, T., 2013b, Wirtschaftsregulierung China: Möglichkeiten und Grenzen stattlicher Steuerungskapazitäten in einem nicht-liberalen Kapitalismus, dms - der moderne Staat - Zeitschrift für Public Policy, Recht und Management, 6. Jg., Heft 1/2013, S. 65-84.

Xu, C., 2011, The fundamental institutions of China's reforms and development, Journal Of Economic Literature, v. 49 n. 4, S. 1076-1151.

Zeitungsartikel und Internetquellen

Campbell, C., 2017, Xi Jinping Becomes China's Most Powerful Leader Since Mao Zedong, Time Magazine: http://time.com/4994618/xi-jinping-china-19th-congress-ccp-mao-zedong-constitution/, eingesehen am 27.02.2018.

Clauss, M., 2017, Between the market and the party, are China's reforms moving in the right direction?, South China Morning Post, 27.06.2017: http://www.china.diplo.de/Vertretung/china/de/_pr/2017/reden_bo/170928-scmp-pm.html?archive=3366876, eingesehen am 24.01.18.

Deuber, L., 2017, Zunehmende Beschränkungen im Netz: Warum China zum Internet-Entwicklungsland wird, Die Wirtschaftswoche: http://www.wiwo.de/politik/ausland/zunehmende-beschraenkungen-im-netz-fuer-die-industrie-ist-die-internetpolitik-eine-katastrophe/20661594-3.html, eingesehen am 24.01.18.

Fleischmann, A., 2017, Xi On The Rise: Outcomes From The 19th Chinese Communist Party Congress, Forbes Magazine: https://www.forbes.com/sites/alanfleischmann/2017/11/09/xi-on-the-rise-outcomes-from-the-19th-chinese-communist-party-congress/#4852cdfb573c, eingesehen am 23.01.18.

Hua, S., 2018, Verbot von VPN-Verbindungen, China dreht das freie Internet ab, Das Handelsblatt: http://www.handelsblatt.com/unternehmen/it-medien/verbot-von-vpn-verbindungen-china-dreht-das-freie-internet-ab/20858618.html, eingesehen am 17.02.2018.

Ju, P., 2018, 习近平：在2018年春节团拜会上的讲话 [Xi Jinping: Rede auf dem Neujahrsbanquet 2018 (in meiner Übersetzung)], Xinhua News Agency, http://www.xinhuanet.com/politics/2018-02/14/c_1122419716.htm, eingesehen am 27.02.2018.

Lifang, 2018, Economic Watch: What to expect for China's economy in 2018, Xinhua News Agency: http://www.xinhuanet.com/english/2018-01/01/c_136864938.htm, eingesehen am 23.01.18.

Liu, H. / Kang, Y. / Liu, L., 2018, 探求中国经济的"思想红利"——世界聚焦习近平新时代中国特色社会主义经济思想 [Auf der Suche nach dem „Ideologie-Bonus" der chinesischen Wirtschaft. Die Welt nimmt Xi Jinpings Ideologie des" Sozialismus mit chinesischem Charakter in einer neuen Epoche" in den Fokus (in meiner Übersetzung)], Xinhua News Agency: http://www.xinhuanet.com/2018-01/04/c_1122211518.htm, eingesehen am 19.02.2018.

Lucas, L., 2017, Chinese money market fund becomes world's biggest, Financial Times: https://www.ft.com/content/28d4e100-2a6d-11e7-bc4b-5528796fe35c, eingesehen am 15.02.2018.

o.V., 2018, Liu He spricht auf der Jahrestagung des World Economic Forum 2018 (Volltext) (in meiner Übersetzung), Xinhua News Agency: http://www.xinhuanet.com/world/2018-01/25/c_1122310663.htm, eingesehen am 30.01.2018.

o.V., Handel mit Kryptowährung, China will Bitcoin-Regeln weiter verschärfen, Das Handelsblatt: http://www.handelsblatt.com/finanzen/maerkte/devisen-rohstoffe/handel-mit-kryptowaehrungen-china-will-bitcoin-regeln-weiter-verschaerfen/20848108.html, eingesehen am 15.02.2018.

o.V., 2018, Improved Party ecosystem strengthens cage for power, China Daily: http://www.chinadaily.com.cn/a/201801/11/WS5a57691da3102c394518e9f6.html, eingesehen am 30.01.18.

o.V., 2018, Pursue High-quality Development. Work Together for Global Economic Prosperity and Stability, Renminbao: http://en.people.cn/n3/2018/0125/c90000-9419881.html, eingesehen am 30.01.18.

o.V., 2018, 中国经济新时代：2018，蓝图如何展开 [Chinas Wirtschaft in einer neuen Epoche: 2018, wie der Plan umgesetzt wird (in meiner Übersetzung)], Xinhua News Agency, http://www.news.cn/nzzt/43/index.htm, eingesehen am 19.02.2018.

o.V., 2018, Größte Volkswirtschaften: Länder mit dem größten BIP im Jahr 2017 (in Milliarden US-Dollar), Statista: https://de.statista.com/statistik/daten/studie/157841/umfrage/ranking-der-20-laender-mit-dem-groessten-bruttoinlandsprodukt/, eingesehen am 24.01.2018.

Yao, K. / Lim, B. K., 2018, Exclusive: China to name Harvard-trained Liu He as vice premier overseeing economy-sources, Reuters: https://www.reuters.com/article/us-china-economy-appointment-exclusive/exclusive-china-to-name-harvard-trained-liu-he-as-vice-premier-overseeing-economy-sources-idUSKBN1FF0YB, eingesehen am 30.01.18.